당신이 행복하면
나도 행복하다

당신이 행복하면 나도 행복하다

2024년 9월 2일 발행

글　　고도원
그림　박덕은

펴낸이　강경호　마케팅　강나루　디자인　정찬애
펴낸곳　도서출판 시와사람
등록　1994년 6월 10일 제 05-01-0155호
주소　광주시 동구 양림로 119번길 21-1(학동)
전화　(062)224-5319　E-mail　jcapoet@hanmail.net

ISBN　978-89-5665-730-1　03810

· 잘못된 책은 구입하신 서점에서 바꾸어 드립니다.
· 값은 표지에 있습니다.

공급처　■　한국출판협동조합
경기도 파주시 탄현면 오금로 30
주문전화 (02)716- 5616, 070- 7119- 1740

이 도서의 국립중앙도서관 출판예정도서목록(CIP)은
서지정보유통지원시스템 홈페이지(http://seoji.nl.go.kr)와
국가자료종합목록 구축시스템(http://kolis-net.nl.go.kr)에서
이용할 수 있습니다.

© 고도원·박덕은, 2024
저작권에 의해 보호를 받는 저작물이므로
저자와 출판사의 허락 없이 무단 전재와 복제를 금합니다.

당신이 행복하면
나도 행복하다

글 고도원 그림 박덕은

시와
사람

■ 글쓴이의 말

살다 보니 이런 일도 있습니다.
고도원의 글과 박덕은의 그림이 만났습니다.
결코 우연이 아닙니다. 분명 하나의 놀라운 섭리입니다.
인간만이 글을 쓰고 그림을 그릴 수 있습니다.
멀리 돌아보면 글이 있기 전에 그림이 먼저 있었습니다. 짐승이 아닌 인간이기 때문에 생겨나는 무궁한 사유와 꿈과 상상력을 담을 수 있는 것은 당초 글이 아니었습니다. 그림밖에 없었습니다. 그 그림의 일부를 형상화해 글을 만들었고, 그 글의 행간을 그려내기 위해 추상화가 태어났습니다. 추상화는 최고도의 예술이자 철학입니다. 단어로 표현할 수 없는 우주 공간을 단순한 선 하나로, 섬세한 색깔과 빛으로 넘나듭니다.

박덕은은 본래 글을 쓰는 분입니다.

시인이자 교수입니다. 그러다가 어느 날부터 그림을 그리기 시작했고 타고난 글쟁이 고도원을 만났습니다.

고도원이 글을 통해 박덕은의 그림은 더 깊어지고, 박덕은의 그림을 통해 고도원의 글은 더 넓어졌습니다.

이 책 속에 담긴 고도원의 짧은 글귀 하나, 박덕은의 그림 한 점이 당신의 마음에 아름답고 행복한 상상력의 날개를 달아주고, 어쩌면 당신의 삶을 온전히 뒤바꾸어 놓을지도 모릅니다.

살다 보면 그런 일도 있습니다.

2024년 푸르른 날에 고도원

■ 화가의 말

나에게 그림은 한동안 꿈을 향한 허망한 몸짓이었다.

고등학교 1학년 때 살바도르 달리의 그림을 처음 접한 후부터 꿈속에서 자주 그림을 그렸다. 하지만 바쁜 일상은 붓을 들 용기조차 내지 못하게 했다. 그림 그리는 꿈은 칠순을 앞둔 날까지 계속됐다.

더 나이들기 전에 꿈을 향해 붓을 들고 싶었다. 하루는 앞뒤 가리지 않고 곧바로 화방으로 달려가 물감과 캔버스를 샀다. 한동안 잠자는 것도 밥 먹는 것도 잊어 버리면서까지 그림을 그렸다. 그림이 한끼의 밥이었고 그림이 하루를 누일 침상이었다. 쫑알쫑알 색색의 빛깔을 쏟아내는 그림의 말에 귀기울이다 보면 금세 한 달이 가고 일 년이 갔다. 그렇게 3년여의 시간이 흐른 어느 날, 기적처럼 만난 강봉구 회장님과 김지우 대표님의 후원으로 전북 순창에 3층짜리 160평 <박덕은 미술관>이 세워졌고, 여기에 박덕은 서양화 600점이 전시되고 있다. 그리고 개관 12일 만에 고도원 이사장님이 미술관을 찾아주셨다.

고도원의 아침편지와 박덕은의 그림이 만난 행운이 아직도 믿기지 않는다. 글을 쓰는 이 순간에도 좀처럼 믿기지 않는다. 고도원의 꿈이었던 아침편지와 박덕은의 꿈이었던 그림이 이제는, 많은 이들에게 꿈을 향한 날갯짓으로 다가가기를 소망해 본다.

마지막으로 <시와사람> 강경호 발행인에게 감사드린다. 박덕은의 미술평론집을 직접 집필해 준 고마움도 큰데, 이 책의 출간까지 맡아줘서 마냥 고맙기만 하다. 우주의 본질인 사랑에게도 감사를 드린다.

박덕은- 문학박사, 전 전남대학교 교수, 시인,
문학평론가, 화가, 노벨재단 이사장

당신이 행복하면 나도 행복하다 _ 차례

□ 글쓴이의 말 _10
□ 화가의 말 _12

제1부 사랑이 오래 가는 비결

인생의 첫 번째 축 _20
기쁨을 발견하는 능력 _22
성인(聖人)의 길 _24
아남 카라 _26
몸에 귀기울이기 _28
한 남자를 사랑했네 _30
우리 함께 가는 길에 _32
가슴높이 _34
희망이란 _36
사랑이 오래 가는 비결 _38
용서의 힘 _40
사랑 고백 _42
위로와 사랑 _44
내겐 당신이 있습니다 _46
네, 제 자신을 믿어요 _48
청춘의 기억 _50
꽃마음 별마음 _52

사랑하기보다 더 어려운 일 _54
마음의 평화 _56
기쁨을 누리기 위해서 _58
함께 만드는 세상 _60
소중한 사람 _62
아름다운 자, 행복한 자 _64
뜨겁게 사는 것 _66
꿈꾸는 자가 오는도다 _68
빛나는 말 _70
기쁨꽃 _72
너도 그렇다 _74
새날을 시작하자 _76
가장 아름다운 것 _78
혼자가 아니다 _80
자기 선물 _82
둘이서 걷는 길 _84

당신이 행복하면 나도 행복하다 _ 차례

제2부 누군가를 사랑한다는 것은

눈물을 닦아주며 _ 88
사랑의 법칙 _ 90
받기만 하는 사랑 _ 92
꼭 필요한 사람 _ 94
인연 _ 96
봄과 같은 사람 _ 98
나이들수록 왜 시간은 빨리 흐르는가 _ 100
평안하시길 빕니다. 진심으로 _ 102
이 순간의 행복 _ 104
좋은 사람 때문에 _ 106
좋다고 말하면 좋은 일이 생긴다 _ 108
누군가를 사랑한다는 것은 _ 110
천천히 자라는 아이 _ 112
당신에게 안겨 있으면 _ 114
나를 변화시키는 사람 _ 116
내가 늘 함께하리라 _ 118

단 한 사람 _ 120
위대한 여행 _ 122
나는 니가 좋다 _ 124
좋은 추억 _ 126
나를 사랑하는 법 _ 128
누군가를 사랑한다는 거 _ 130
좋은 일이 생길 것이라는 믿음 _ 132
자기가 찾는 길 _ 134
영원히 사랑한다는 것은 _ 136
만남이란 _ 138
너를 만난 행복 _ 140
사랑의 편지 _ 142
좋은 친구 _ 144
성공한 사람들의 공통점 _ 146
오늘 바로 시작하자 _ 148
좋은 만남, 복된 만남 _ 150

당신이 행복하면 나도 행복하다 _ 차례

제3부 내가 당신을 사랑하는 이유

내가 당신을 사랑하는 이유 _ 154
관심 _ 156
살아있는 것은 모두 흔들린다 _ 158
좋은 친구 _ 160
사랑 _ 162
믿을 수 없는 놀라운 선물 _ 164
누가 함께 해주느냐에 따라… _ 166
어머니를 묻고 나서 _ 168
문득 _ 170
만나지고 싶은 사람 _ 172
정신 건강 _ 174
사랑을 줄 수 있으려면 _ 176
그를 만났습니다 _ 178
속상해하지 말기 _ 180
함께 살아야 한다 _ 182
멘토(Mentor) _ 184
행복을 상상하라 _ 186

눈 깜짝할 사이 _ 188
이런 사람 _ 190
나를 살게 하는 것 _ 192
좋은 습관을 위해서 _ 194
마음을 텅 비우고 _ 196
고마운 일만 기억하기 _ 198
그런 사람이 있어요 _ 200
왜 엄마 것은 없어요? _ 202
너를 위하여 _ 204
기쁨을 주는 사람 _ 206
모두가 너를 좋아할 수는 없다 _ 208
인연 _ 210
꿈이 있는 사람 _ 212
당신이 행복하면 나도 행복하다 _ 214
지금 중요한 것 _ 216
당신, 참 좋다 _ 218

당신이 행복하면
나도 행복하다

제1부

사랑이 오래 가는 비결

인생의 첫 번째 축

✱

축(軸)은
바퀴를 굴리는 중심입니다.
축이 부실하거나 틀어져 있으면
가다가 멈추거나 엉뚱한 방향으로 구릅니다.
5세 이전, **인생 첫 번째 축의 핵심은 '어휘'입니다.**
누구에게서 어떤 말을 듣고 새기느냐에 따라
삶의 목표와 방향이 결정됩니다.

기쁨을 발견하는 능력

＊

기쁨은 샘물과 같습니다.
마른 맨땅에서 솟아나는 것입니다.
즐겁고 재미있고 웃음 짓는 곳은 물론이고
힘들고 아프고 쓰라린 곳에서도 솟아납니다.
고통스런 일인데도 그에 몰입하고 집중할 때,
그 집중이 사랑과 감사로 이어질 때,
샘솟듯 터져나오는 것입니다.
기쁨도 발견입니다.

성인(聖人)의 길

*

결혼이란
두 남녀가 성인(成人)이 되었음을 뜻합니다.
동시에 성인(聖人)의 길에 들어섰음을 의미합니다.
눈이 오나 비가 오나 변심 없이
죽는 날까지 사랑하는 것,
죽는 날까지 사랑하되
하루하루 더 사랑하는 것,
그것이 가정과 사랑을 지켜가는 길이며
성인(聖人)의 길이기도 합니다.

아남 카라

원래 같은 흙이었고,
자신의 숨은 비밀을 보여줄 수 있고,
시공을 초월해 영원한 영적 안내자가 되어주는 사람…
그가 곧 '영혼의 동반자'라는 대목에 목이 메어옵니다.
내가 당신의 영원한 영혼의 동반자이기를 원합니다.
당신이 나의 영원한 사랑의 동반자이기를 원합니다.
당신과 나는 서로의 '아남 카라'입니다.

몸에 귀기울이기

음식을 담을 때는
그릇부터 잘 살펴야 합니다.
그릇이 온전하지 못하면
그 안에 담긴 음식도 온전할 수 없습니다.
몸은 우리의 마음과 감정을 담는 그릇입니다.
혹시라도 어디가 새거나 깨진 곳은 없는지,
때가 끼거나 더러워진 곳은 없는지
늘 챙겨봐야 합니다.
한번 새거나 깨지기 시작하면
그때부터는 감당하기가 힘들어집니다.

한 남자를 사랑했네

*

한 줌 솔바람처럼,
사랑도 스쳐 지나갈 수 있습니다.
영원할 줄 알았던 사랑도
순간처럼 스쳐갈 수 있습니다.
그러나 설령 그렇게 스치고 가버린 사랑일지라도
마음에 깊이 담아두면 영원히 내 것이 됩니다.
그리워하는 것만으로도
그는 나 혼자 가지기엔 아까운 산 같은 남자,
바위 같은 남자가 됩니다.
그리움도 사랑입니다.

우리 함께 가는 길에

*

아침편지를 쓰게 된 것이 저에게는 축복입니다.
아침편지 가족을 만난 것이 저에게는 행복입니다.
**때론 지치고 눈물 흘리지만 더 깊은 곳에서 솟아나는
보람과 기쁨**이 너무 크기에 내일도 모레도
이 길을 가려 합니다.
뚜벅뚜벅…

가슴높이

✽

가슴높이를 맞추려면
한 사람은 몸을 낮추어야 합니다.
키 작은 아이가 깨금발을 하는 것보다
키 큰 어른이 몸을 숙이는 것이 아무래도 좋겠지요.
부모란 늘 자녀의 가슴높이까지 내려가야 하는 자리입니다.
그래서 아이의 심장 박동을 함께 느낄 수 있어야 하고,
부모의 사랑과 바람을 아이의 머리가 아닌
가슴에 새겨 주어야 합니다.

희망이란

*

그렇습니다.
희망은 처음부터 있었던 것이 아닙니다.
아무것도 없는 곳에서도 생겨나는 것이 희망입니다.
희망은 희망을 갖는 사람에게만 존재합니다.
희망이 있다고 믿는 사람에게는 희망이 있고,
희망 같은 것은 없다고 생각하는 사람에게는
실제로도 희망은 없습니다.

사랑이 오래 가는 비결

*

언제나 꽃길을 걷고 이슬만 마시는 게
사랑이 아닙니다.
그런 사랑은 오래 가지 못합니다.
평범한 일상의 삶 속에 잘 녹아든 사랑이어야
오래 갑니다.
가장 '사소한 일'에서도 지축을 흔드는 기쁨을 찾아내며
함께 일구어가는 사랑이
진짜 사랑이고 오래 갑니다.

용서의 힘

*

용서는, 미래로 나아가는 징검다리입니다.
과거를 털어내고 새로운 미래를 향해 건너가게 합니다.
맺히고 막힌 관계를 풀고
다시 어깨동무하며 함께 가게 합니다.
용서를 하고 나면, 자유로워집니다.
맨 먼저 자신이 자유롭게 되고,
그 다음에 상대방을 자유롭게 해
어제보다 더 좋은 사이로 만듭니다.

사랑 고백

＊

사랑 고백,
시기도 중요하지만
더 중요한 것이 있습니다.
용기입니다.
사무치게 사랑을 하면서도,
한마디 사랑 고백을 끝내 못해
시기도 놓치고 사랑도 잃는 경우가 허다합니다.
사랑 고백, 거기서부터 새 역사가 시작됩니다.

위로와 사랑

홀로 견딜 수 없을 때가 있습니다.
위로와 사랑이 필요한 때가 있습니다.
사람은 누구나 위로함으로 위로를 받고
사랑함으로 사랑을 받습니다.

내겐 당신이 있습니다

*

당신은 나의 힘입니다.
봄날 마른 가지에 생명의 물기가 차고 오르듯
당신은 매일 매시간 내 삶을 소생시키는 물줄기입니다.
때론 쉽게 지치고 힘들지만 당신이 있음으로
오늘도 최선을 다해 살아갈 힘과 생기를 얻습니다.
당신 때문에 사랑을 알았고, 감사함을 배웠습니다.
세상이 다 무너져도 내겐 당신이 있습니다.

네, 제 자신을 믿어요

아버지가 아들에게 들려주는
최고의 선물입니다. 최고의 유산입니다.
아버지가 아들의 위대함을 믿고,
그 아들이
마침내 자신의 위대함을 믿게 되면,
그는 이미 평범함을 넘어
위대한 발걸음을 떼기 시작한 것입니다.
아버지의 말 한마디는 때로
아들의 오늘과 내일을 통째로 바꾸어 놓습니다.

청춘의 기억

＊
마흔 나이는 더 말할 것도 없습니다.
육십을 넘긴 환갑 나이에도 아플 수 없습니다.
아름다운 꿈을 꾸고 사는 사람, 무거운 등짐을 메고
구비구비 여울물을 건너는 사람은 건강해야 합니다.
청춘의 기억을 넘어 늘 청춘이어야 합니다.
한 걸음 한 걸음 옮기는 발걸음마다
청춘의 기운, 청년의 기백이
넘쳐나야 합니다.

꽃마음 별마음

＊
살다보면 신묘한 일이 참 많습니다.
슬픈 노래를 자주 부르면 인생이 슬퍼지고
죽음의 노래를 즐겨 부르면 죽음의 길을 가게 됩니다.
기쁜 노래, 행복의 노래를 부르면
실제로도 기쁨에 넘치고 행복해집니다.
찡그리는 얼굴을 바라보면 자기도 모르게 찡그리게 되고
웃는 얼굴을 바라보면 자기도 웃는 얼굴이 됩니다.

사랑하기보다 더 어려운 일

*
미워하지 않으려는 마음가짐은
사랑하기보다 더 실천하기 어려운 일입니다.
미워해도 가책을 느끼지 않고,
미워해도 정당화되는 감정이
이 세상에 가장 무서운 마음의 적입니다.
설령 미워는 했을지라도 용서하고 이해하는
후덕厚德한 마무리가 있어야 되겠습니다.

마음의 평화

*

마음의 평화는 작은 평안에서 시작됩니다.
아랫배에 호흡을 모으고 조용히 깊은 명상을 하노라면
그동안 들리지 않던 바람 소리, 마음의 소리가 들리고
새로운 깨달음과 함께 작은 평안이 찾아옵니다
온몸의 세포가 다시 살아납니다.
마음은 더욱 평화로워집니다.

기쁨을 누리기 위해서

✽

기쁨은 어느 곳에서도 찾을 수 있습니다.
아픈 상처도 아물어가는 기쁨이 있고,
뼈저린 실패도 깨달아가는 기쁨이 있습니다.
있는 그대로의 모습을
내 안에 품으면 모든 것이 기쁨의 씨앗입니다.

함께 만드는 세상

왜 그걸 모르겠습니까.
알면서도 표시를 다 못할 뿐이겠지요.
사는 모습, 생각하는 방식은 사람마다 다릅니다.
내가 못하는 것을 다른 사람이 하고,
다른 사람이 안 하는 일을
내가 하기도 합니다.
때론 상처를 입고 때론 손해도 보면서
서로 돕고, 도전받고, 마음을 나누는 우리네 삶.
그렇게 함께 만드는 세상이 아름답습니다.

소중한 사람

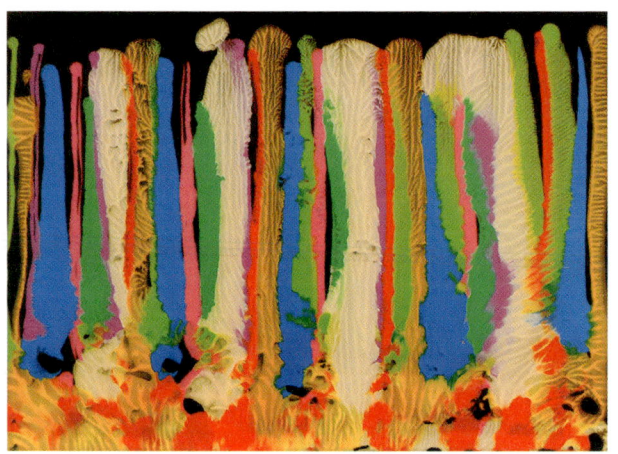

성실誠實에는 마침표가 없습니다.
나이도, 황혼기도 없습니다.
매사 성실히 임하되
즐길 줄도 아는 사람,
자기 일에 몰두하되 옆과 뒤도 돌아볼 줄 아는 사람,
그가 곧 이 시대 최고의 멋쟁이이며,
자신에게도 남에게도 소중한 사람입니다.

아름다운 자, 행복한 자

*

세상을 돌아보면 안타까운 일도 많습니다.
넘치는 풍요 속에 살고 있으면서도
내가 가진 것에 대한 고마움보다
못 가진 것에 대한 불평으로 살아가는 것은 아닌지
부끄러워질 때가 많습니다.
진정 아름다운 자는
함께 나누며 사는 사람이며,
사랑을 나누는 사람이어야
진정 행복한 자입니다.

뜨겁게 사는 것

*

뜨겁게 사는 것은
열정을 갖고 사는 것입니다.
열정은 에너지입니다.
그 에너지가 사람을 끌어당깁니다.
환경을 초월하고 장애를 극복하게 합니다.
변화를 창조하고 변화를 주도하는 원동력입니다.

꿈꾸는 자가 오는도다

"꿈은 이루어진다."
2002년을 장식한 최고의 명구$_{名句}$입니다.
2024년이 되었다 해서 바뀔 수 없는 화두이기도 합니다.
꿈은, 잘 그려진 좋은 지도를 갖는 것입니다.
지도는, 지금 자기가 선 자리를 알려줍니다.
전체 지형과 목표, 갈 방향도 말해 줍니다.
좋은 지도를 갖고 새 길을 떠나는 것이
꿈을 이뤄가는 시작입니다.

빛나는 말

*
말은 곧 그 사람입니다.
생각이 반영되고 행동이 동반됩니다.
자라온 모습과 습관을 보여주고
인품과 인격을 드러냅니다.
빛나는 말 한마디가 사람을 다시 살리고
세상을 태양처럼 환하게 만듭니다.

기쁨꽃

기쁨꽃.
뜰이나 꽃밭에 피는 꽃이 아닙니다.
내 얼굴, 내 마음밭에 피어나는 꽃입니다.
사시사철 계절도 없고 날씨도 상관없습니다.
미움을 버리고 환히 웃을 때마다,
웃으며 고개를 끄덕일 때마다,
기쁨꽃은
맑고 밝게 피어납니다.

너도 그렇다

*
온 세상을
다 돌아다녀 보아도
볼수록 아름다운 풀꽃 하나,
그게 바로 당신입니다.
오래 볼수록, 자세히 볼수록
더더욱 사랑스럽고
소중합니다.

새날을 시작하자

＊
꽃도 그렇지만 꽃 이름은 더 아름답습니다.
초롱꽃, 구름체꽃, 솔나리...
어떻게 그렇게 아름다운 이름들이 붙여졌을까요.
하지만 사람의 이름은 꽃 이름보다 더 아름답고 귀합니다.
그 귀한 이름을 기쁜 마음으로 불러주고,
그 기쁨으로 새해 새날을 맞는다면
세상은 온통
향기롭고 아름다운 꽃동산이 될 것입니다.

가장 아름다운 것

*
꾸미고 덧칠하는 것이 능사가 아닙니다.
자칫 본래의 아름다움을 망가뜨릴 수 있습니다.
가장 아름다운 것은,
있는 그대로의 모습입니다.
본연의 모습 속에
숨겨진 잠재력을 어떻게 잘 찾아내어
얼마나 갈고 닦느냐가 중요합니다.

혼자가 아니다

*
"아, 그래, 세상엔 나 혼자가 아니었구나,
내 옆에도 사람이 있었구나"라고
절감할 때가 종종 있습니다.
슬픔을 위로받고,
아픔을 함께 나눌 때
더욱 그렇습니다.
사랑, 우정, 꿈도 혼자보다 둘이 함께 할 때
더욱 커집니다.

자기 선물

누구나 많은 선물을 받고 살아갑니다.
나의 삶 자체도 실은 선물로 받은 것입니다.
받는 것도 귀하지만, 주는 것은 더 귀합니다.
받는 것도 기쁨이 크지만, 주는 것은 그 기쁨을 넘어
복이 되어 돌아옵니다.
마음이 움직일 때 주며 사는 것이 곧 복받는 일이고,
언제인가 반드시 자신에게
되돌아오는 최고의 자기 선물입니다.

둘이서 걷는 길

*

갈 길이 멉니다.
늘 평탄한 길일 수 없습니다.
때론 모진 인생의 폭풍우를 만날지도 모릅니다.
그래도 걱정하지 않습니다.
오히려 설레임과 희망에 넘칩니다.
당신과 함께 가기 때문입니다.
당신과 함께 서로 마주보고 둘이서 걷는 길이라면
아무리 험하고 힘들어도 지치지 않습니다.
폭풍우를 만나도 행복합니다.

제2부

누군가를 사랑한다는 것은

눈물을 닦아주며

다른 사람의 눈물을 닦아주며,
나 또한 뜨거운 눈물을 흘릴 때가 있습니다.
가슴을 타고 흐르는 뜨거운 사랑과 기쁨의 눈물입니다.
눈물을 닦아주는 것은
그 사람의 아픈 상처를 씻어주는 것이며,
동시에 자기 자신의 영혼을 닦아내는 것입니다.

사랑의 법칙

그래서 사랑은 신비롭습니다.
사람을 움직이고 세상을 흔듭니다.
사랑은 고갈되지 않습니다. 소멸도 없습니다.
아무리 퍼올려도 마르지 않는 내 안의 샘물이며,
마지막 한 톨까지 다 주었는데도 꽃으로 향기로
다시 살아나 우리가 머문 거친 땅을 푸르고 윤택한
희망의 동산으로 만드는 영근 씨앗입니다.
그것이 사랑의 법칙, 사랑의 신비이며
진실된 사랑의 놀라운 힘입니다.

받기만 하는 사랑

*
가장 좋은 사랑은 역시
서로를 아끼며 주고받는 교감이 있을 때라는
표현을 잘 나타낸 것 같더군요.
사랑하는 사람으로부터 늘 받기만 하셨다면
지금이라도 늦지 않았으니 안부 전화 한 통,
아니 적어도 문자 메시지 한번 띄워보세요.
많이 행복해 할 겁니다.

꼭 필요한 사람

＊
흔히 세 종류의 사람이 있다고들 하지요?
꼭 필요한 사람,
있으나 마나 한 사람,
없으면 좋을 사람.
어찌 이 세 종류로 한정 지을 수가 있겠습니까만
한번쯤 돌아볼 필요가 있지 않을까 싶습니다.
나는 지금 어떤 사람에 속해 있을까...

인연

✻

인연....
좋았던 사람들은 어디서 무엇을 하고 있을까?
우연과 필연이 섞인 만남들이
지금은 이어지지 않고 있다면
인연이 아닌 것인지,
아니면 아직도 기대해 봄 직한 진행형인지...
사연도 많았던 그 선생님은 지금
어디에서 무엇을 하고 계실까?

봄과 같은 사람

✽

어찌 봄에만 그려보는 사람이겠습니까.
봄, 여름, 가을, 겨울,
사시사철 그려보는, 사랑과 존경의 대상입니다.
봄꽃이 만개하는 이 좋은 계절에,
그런 봄과 같은 사람 하나 만나,
사랑하고 벗하면서,
인생 여정을 함께 걸어간다면,
그게 바로 무릉도원이고
사는 재미 아니겠습니까?

나이들수록 왜 시간은 빨리 흐르는가

*
춘향전의 한 구절처럼
'몽둥이 들고 지켜도 못 막고,
철사줄로 동여매도
잡지 못하는' 것이
가는 세월입니다.
시간은 흘러가는 대로 놔두고,
더 늦기 전에 좀더 의미 있게 사는 길을
걸어가는 것이
더 좋지 않을까요?

평안하시길 빕니다. 진심으로

하늘을 바라보며
진심 어린 마음으로 기도할 때가 있습니다.
"힘을 주세요"
"텅 빈 저에게 힘을 주세요"
"사랑하는 그 사람에게 평안과 힘을 주세요"
그렇게 기도하고 나면 정말
가슴이 채워지고 힘이 생겨납니다.
모든 것이 다시 보이고
더 소중해지기 시작합니다.

이 순간의 행복

*
행복도 선택입니다.
행복을 선택하면 행복해지고,
불행을 선택하면 불행해집니다.
선택은 지금 이 순간입니다.
이 순간부터
자신의 행복과 불행이 갈립니다.

좋은 사람 때문에

❋

초가을은 지났지만
지금도 산에 오르기 좋은 계절입니다.
좋은 사람과 함께라면 더더욱 좋겠지요.
비를 맞으며 올라도,
바위에 미끄러져도 잡아주는 손이 있으면
산행은 즐겁고 행복합니다.
인생의 산행도 마찬가지입니다.
그 좋은 사람 때문에 외로움 없이, 힘든 줄 모르고
한 발 한 발 정상에 오를 수 있습니다.

좋다고 말하면 좋은 일이 생긴다

＊

말은 복도 되고 화도 됩니다.
나쁜 일도 좋다고 말하면 좋은 일로 변하여 복이 되고,
좋은 일도 나쁘다고 말하면 나쁘게 변하여
화가 되어 돌아옵니다.
말은 씨앗과 같습니다.
좋다고 말하면 좋은 씨앗이 되어
아름다운 꽃이 피고 좋은 열매가 맺힙니다.

누군가를 사랑한다는 것은

*
사랑은 서로에게 소속되는 것입니다.
그러나 동시에 서로 상대방에게 속박이 아닌,
자유의 날개를 달아주는 것입니다.

천천히 자라는 아이

✱

모든 것이 너무 빠르게
줄달음치는 세상입니다.
속도 경쟁, 점수 경쟁, 입시 경쟁의 한복판에
우리 아이들이 서 있습니다.
천천히 잘 자라나야 할 어린이들이
어른들의 성화에 애늙은이가 되고 있습니다.
어른들이 책임이 큽니다.
어린이는 어린이답게
키워야 합니다.

당신에게 안겨 있으면

천둥번개가 몰아쳐도 그러거나 말거나
어머니 품에 안겨 쌔근쌔근 편안히 잠자던
어린 시절이 떠오릅니다.
이제 나이가 들었어도
당신에게 안겨 있으면 금세 어린 시절로 돌아갑니다.
마음에 평안과 평화가 옵니다.
몸이 따스해집니다.

나를 변화시키는 사람

＊

사람은 사람을 통해 배웁니다.
누구나 반면교사反面教師입니다.
그리고 사람이 사람을 변화시킵니다.
그러나 다른 사람을 받아들일 수 있는
마음은 내 안에 있으며,
나를 변화시키는 사람도
결국은 다름 아닌,
내 안에 있습니다.

내가 늘 함께하리라

슬픔이 깊어지고 있습니다.
슬픔의 줄이 날로 길어지고 있습니다.
그러나 큰 소망은, 함께 슬퍼하는 사람이 있다는 것,
"내가 너와 늘 함께하리라"는 벗들이 있다는 사실입니다.
슬픔의 한구석에도 희망이 다시금 자리잡고 있습니다.
그것이 우리의 또 하나의 희망입니다.

단 한 사람

＊

사노라면 실패와 좌절로 무너지는 순간이 있습니다.
깊은 절망의 골짜기로 굴러떨어져
한 점 하늘도 보이지 않는 바로 그 순간에,
그래도 희망과 용기를 잃지 않는 것은
단 한 사람 그대가 곁에 남아 있기 때문입니다.
모든 사람이 다 떠나 세상이 텅 빈다 해도
그대만 있으면, 나는 웃을 수 있고
다시 일어설 수 있습니다.

위대한 여행

*

나날이 새로이
채워져야 할 '소소한 품목' 중에
절대 빠져서는 안 되는 것들이 있습니다.
무엇보다 사람 사이의 믿음과 사랑이 그 첫째이고,
어떤 경우에도 꿈과 희망을 잃지 않는 것이 그 둘째이며,
아무리 작은 것에도 감사하고 기뻐하는 마음이 셋째입니다.
이 세 가지 화두를 인생의 여행 가방에 꼭 지참하시면
하루하루의 삶이 위대한 여행이 됩니다.

나는 니가 좋다

＊
'나는 니가 좋다.'
이 말 한마디에 마음의 문이 활짝 열립니다.
말하는 사람과 듣는 사람이 행복해집니다.
사랑이 깊어집니다.

좋은 추억

＊
좋은 추억, 몸속의 난로와 같습니다.
언제든 되살아나 몸안을 따뜻하게 데워줍니다.
아닙니다. 가슴 깊숙이 고인 눈물샘입니다.
이따금 목울대를 타고 올라와 온몸을
아프게, 슬프게, 눈물짓게 합니다.
**좋은 추억일수록 오래
사람을 울립니다.**

나를 사랑하는 법

교만이나 과대 평가도 좋지 않지만
열등감은 더 무섭습니다.
자신에 대해서 좋게 생각하는 것이
자기를 사랑하는 길입니다.
있는 그대로의 자기 모습을
사랑하고 감사하면서 모자라는 것은 채우고,
넘치는 것은 조금씩 깎아내 가면서
사는 것이 좋은 인생입니다.

누군가를 사랑한다는 거

없지요.
그만큼 아름다운 인생, 또 어디 있겠습니까.
하지만 명심할 게 있습니다.
누군가를 사랑한다는 거,
짜릿하고 달콤한 순간만 있지 않습니다.
어렵고 힘든 시간, 고통의 시간이 더 많을 수도 있습니다.
어렵고 힘들수록 곁에 더 바짝 붙어
한 걸음, 한 걸음 세상 끝까지 함께 가는
사랑이어야 정녕 더 아름답습니다.

좋은 일이 생길 것이라는 믿음

✱

좋은 일이 생길 것이라는 믿음이
자기 앞에 놓인 장애물을 무너뜨립니다.
그 장애물을 디딤돌 삼아 다시 일어서게 합니다.
아무리 어려운 환경에서도, 그 어떤 자리에서든
희망과 용기와 기쁨을 가지고 나가면
반드시 새로운 길이 열립니다.

자기가 찾는 길

∗

세상은 넓고, 열린 길도 많습니다.
그 많은, 여러 갈래길을 모두 걸어갈 수 없습니다.
누구나 오로지 자기의 길이 있을 뿐입니다.
자기 힘으로
올바른 길을 찾아가는 것,
그것이 인생이며
의미 있게 살아가는 사람의 모습입니다.

영원히 사랑한다는 것은

영원히 사랑한다는 것은
지금 이 순간 사랑한다는 것입니다.
내일로 미루지 않고, 훗날로 돌리지 않고
주어진 이 순간순간에 깊이 사랑하는 것이
영원히 사랑하는 것입니다.

만남이란

✽
인생은 만남입니다.
만남은 오묘합니다.
우연처럼, 축복처럼 이뤄집니다.
길 위에 구르는 이파리 하나처럼,
혹은 희미한 휘파람 소리처럼 다가와
내 인생에 머물며 나를 변화시키는 것이
만남입니다.

너를 만난 행복

※

당신을 만난 것이 기적입니다.
지금까지 살다간 800억 인류 가운데 만난 당신입니다.
당신을 만난 것이 행복입니다.
당신이 아니었다면 오늘의 이 행복은 없었을 테니까요.
그래서 내 마음은 지금도 당신을 만나러 갑니다.
새로운 기적, 새로운 행복을 예감하면서….
당신은 나의 기적이며 행복입니다.

사랑의 편지

✽

반가운 안부와 새 소식이 담긴 편지는
언제 받아도 즐겁습니다.
여기에 사랑까지 담겼다면 금상첨화입니다.
사랑이 담긴 편지는 설레이는 기다림을 줍니다.
기쁨을 줍니다. 때론 해답도 줍니다.
편지는 사람과 사람을 이어주는
따뜻한 마음의 다리입니다.

좋은 친구

*

좋은 친구는 조금 남다릅니다.
각자 자기 일을 하는데도 뜻이 같습니다.
각자 다른 길을 가는데도 방향은 같습니다.
그래서, 떨어져 있어도 마음이 통하고
함께 있으면 더욱 빛이 납니다.

성공한 사람들의 공통점

＊
한해를 시작하면서 한번쯤 새겨볼 지침입니다.
짧고 간결해 보여도 결코 쉬운 일은 아닙니다.
문제는 결심입니다. 그 다음은 실행입니다.
특히 자신이 취약한 대목은 더욱더
굳은 결심과 실천이 필요합니다.

오늘 바로 시작하자

*
'작은 변화'로부터 새로운 인생이 시작됩니다.
30분 일찍 일어나기,
30분 일찍 출근하기,
하루 30분 이상 책 읽기,
30분 이상 걷거나 달리기,
물 많이 마시기, 많이 웃기...
오늘부터 바로 시작해 보시면 어떨까요.
이 중 한두 가지라도 시작해 보세요.

좋은 만남, 복된 만남

＊
누구에게나 그 사람만의 개성과 빛깔이 있습니다.
무한한 가능성과 잠재력이 숨어 있습니다.
그것을 찾아내어 물을 주고 꽃을 피게 해주는 사람!
그런 좋은 만남, 복된 만남이 한 사람의
인생을 바꾸고 세상을 바꿉니다.

제3부

내가 당신을 사랑하는 이유

내가 당신을 사랑하는 이유

*

내가 당신을 사랑하는 이유,
이유가 없습니다.
내 곁에, 내 안에 당신이 존재하기 때문이고,
우연처럼,
필연처럼,
운명처럼,
섭리처럼,
당신을 만났기 때문입니다.

관심

＊
미움보다 더 무서운 것이 무관심입니다.
사랑은 작은 관심에서 시작됩니다.
관심을 가지면 해 주고 싶은 것도 많아집니다.
더 깊이 관심을 가지다 보면 다 보입니다.
그 사람의 실핏줄까지도 보입니다.

살아있는 것은 모두 흔들린다

＊

그물 끝에 달려 파닥이는 물고기처럼
온몸으로 떨고 몸부림치는 순간이 있습니다.
그 흔들림에 구멍난 빈자리는 더 넓게 파이고,
밀려오는 아픔과 슬픔의 덩어리는 더욱 커져 가는데…
알고 보니 그 흔들림은, 살아있는 순간순간의
아름다운 축제요 생명의 노래였군요.

좋은 친구

*

좋은 친구가 무엇인지를 알려주는 글입니다.
좋은 친구는, 친구가 가진 재능과 장점을 찾아내
그 가치를 높여주고, 허물은 덮어주며,
조용하게 친구의 등 뒤에 울타리를 쳐주는 사람입니다.
좋은 친구 하나 있으면, 세상 살맛이 납니다.

사랑

딱 두 줄짜리 짧은 시지만 여운은 길게 남습니다.
사랑은 혼자서 하는 것이 아니라
누군가와 함께 하는 것이며,
화석처럼 그 자리에 굳어진 채 멈춰 있는 것이 아니라
자라 움직이는 생명체와 같은 것이고,
저절로 이루어지는 것이 아니라
노력해야 얻어지는 것입니다.

믿을 수 없는 놀라운 선물

＊
우주는 선물 보따리입니다.
우리에게 줄 선물을 가득 담아두고
누구에게 줄까 살피다가 받을 준비가 되어 있는
사람에게만 보따리를 풀어 하나씩 건네줍니다.
스스로도 믿을 수 없는 놀라운 선물!
문을 열고 기다리는 사람에게만
우연처럼 주어집니다.

누가 함께 해주느냐에 따라...

*

삶과 죽음 사이.
그 찰나의 시간에 단 1초라도
생명을 붙잡아주기 위해 헌신하는
간호사의 모습이 처연하게 떠오릅니다.
삶과 죽음, 성공과 실패, 희망과 절망, 기쁨과 슬픔,
우리 인생은 그 사이에 존재합니다.
그 순간을 누가 곁에서 함께 해주느냐에 따라
한 사람의 운명이 갈립니다.

어머니를 묻고 나서

*

오래전 미국으로 이민 간 절친한 친구가 하나 있습니다.
어머님 병환으로
일 년에 몇 차례씩 고국을 방문하여
지극정성으로 살펴드렸으나, 엊그제
끝내 돌아가셨습니다.
슬픔 속에 어머니를 묻고
다시 떠나는 친구의 뒷모습을 보며
"이제 너도 혼자가 되었구나" 생각하니,
이미 오래전 어머님을 묻고
고독을 느꼈던 제 마음이 다시 아려왔습니다.

문득

*
문득 그리움이 사무치는 순간이 있습니다.
사랑의 불꽃이 꺼지지 않고
가슴 어딘가 살아있었다는 증거입니다.
사랑의 추억... 나를 살게 하고
또 가던 길을 멈추게 합니다.

만나지고 싶은 사람

*

어떤 이는 이 시를 읽고,
"마음을 들켜버린 느낌"이라고 했습니다.
누구에게나 그런 사람이 있습니다.
살아가면서 한번쯤 우연히라도 만나지고 싶은 사람,
그렇게 만나지는 것을 상상하는 것만으로도
행복해지는 그런 사람이 있습니다.
저에게도 있습니다.

정신 건강

*

정신 건강도 '몸의 건강'에서 비롯됩니다.
몸이 무너지면 정신도, 영혼도 함께 무너지기 쉽습니다.
좋은 물과 공기, 소박한 음식, 적당한 휴식과 운동,
일에 대한 열정과 활력, 기쁨과 감사의 태도가
몸의 건강은 물론 정신과 영혼도
건강하게 해 줍니다.

사랑을 줄 수 있으려면

마른 우물에서 두레박물을 퍼올릴 수 없습니다.
자기 안에 기쁨이 넘쳐야 남도 기쁘게 할 수 있습니다.
자기가 먼저 행복해야 남도 행복하게 할 수 있습니다.
사랑이 있어야 사랑을 나눌 수 있습니다.

그를 만났습니다

*

누구에게나 동반자가 필요합니다.
함께 걸어가는 사람이 필요합니다.
외롭고 괴롭고 힘들수록 그런 사람이 필요합니다.
그런 사람 하나만 있으면 다른 한 사람이 삽니다.
인생은 어쩌면 그 한 사람을 찾아 헤매는
숨바꼭질인지도 모릅니다.

속상해하지 말기

*
마음 상한 일을 너무 오래 남겨 두지 마세요.
다 읽은 책을 덮듯이 그렇게 덮어두세요.
속상해할 시간을 더 가치 있는 일에
써야 하니까요.

함께 살아야 한다

넘칠 때는 모릅니다.
건강할 때는 자칫 잊고 삽니다.
모자랄 때, 아플 때 비로소 다른 사람의 도움 없이는
한 걸음도 뗄 수 없다는 것을 절실히 알게 됩니다.
함께 살아야 한다는 말은
서로 돕고 살라는 뜻입니다.
함께 어울리고, 채워주고, 나누고,
위로하면서 아름답게 살자는 뜻입니다.
어느 누구도 혼자 살 수는 없습니다.

멘토(Mentor)

멘토가 있으신가요?
자기 아들딸처럼, 제자처럼, 친구처럼
전인적으로 돌봐주는 사람. 때로는 내가 꿈꾸었던 것
이상의 꿈을 이루도록 챙겨주고 지원해주는 사람.
진정성이 있고, 사랑이 있고, 가슴이 따뜻하고,
세상 보는 눈이 긍정적이고, 인내할 줄 알며
나를 이끌어주는 사람.
이런 멘토가 있는 사람은 행복합니다.
행운아입니다.

행복을 상상하라

*

불행을 상상하면 불행해지고
행복을 상상하면 실제로도 행복해집니다.
승리를 상상하면 승리하게 되고
패배를 상상하면 패배합니다.
너무 간단하고도 명백한
'삶의 공식'입니다.

눈 깜짝할 사이

사랑할 시간은 더 짧습니다.
행복한 시간은 더욱 빨리 지나갑니다.
이미 흘러가버린 시간은 붙잡을 수 없고,
"그때 그랬더라면..." 후회해도 소용없습니다.
내 삶의 남은 시간,
순간순간을 감사와 보람으로 채워가면,
그가 곧 자기 삶을 행복하고
유익하게 만들어가는 사람입니다.

이런 사람

*

우리의 인생 여정, 먼 인생길에
이런 사람 하나 만나는 것이 행운이요 축복입니다.
이런 사람 하나 만나면
그날부터 인생의 빛깔이 달라집니다.
사랑과 희망의 꽃이 피어납니다.
꿈이 이루어집니다.

나를 살게 하는 것

*

나를 살게 하는 것,
결코 먼 곳에 있지 않습니다.
아주 가까운 곳에 있습니다.
너무 가까워서
그 고마움과 신비로움을 모르고 지낼 뿐입니다.

좋은 습관을 위해서

＊

'좋은 습관'도 때가 있습니다.
때를 놓치면 하기 싫게 되고,
그것이 반복되면 나중엔
고치기 어려운 '나쁜 습관'이 되고 맙니다.
좋은 습관이 사람을 바로잡아 줍니다.
사람을 반듯하게 키워줍니다.
습관이 인격입니다.

마음을 텅 비우고

＊

마음을 비우는 좋은 방법은 '깊은 호흡'입니다.
먼저, 바른 자세로 앉아 배로 숨을 깊이 들이쉽니다.
다음, 천천히 길게 끝까지 코로 숨을 내쉽니다.
다시, 배로 숨을 더 깊이 들이쉽니다.
이렇게 몇 차례 깊은 호흡을 하면
마음이 편안하고 고요해지는 자신을 발견하게 될 것입니다.
조용한 곳에서, 걸어가면서, 화장실도 좋습니다.
자, 이 글을 읽으면서도 몇 차례 호흡해 보세요.

고마운 일만 기억하기

*

고마운 것은 따로 구별되어지는 것이 아닙니다.
고맙지 않은 것도 고맙게 받아들이면
고마운 것이 됩니다.
모든 것을 고맙게 기억하면 무엇보다도
자기 마음에 평화가 옵니다.
그럴 일이 없어 보이는데도
얼굴에 늘 미소가 돕니다.
그의 인품에
감사와 기쁨의 향내를 풍깁니다.

그런 사람이 있어요

※

세월이 흘러도 잊혀지지 않는 사람이 있습니다.
아니, 세월이 흐를수록 더욱 선명히 떠오르는
이름이 있습니다.
세월은 지났지만 아프고도 아름다운 추억 속에
오늘도 마음과 마음으로 만납니다.
때로는 웃으며, 때로는 울며…

왜 엄마 것은 없어요?

＊
어머니를 생각하면
낡고 꼬질꼬질한 속옷부터 생각납니다.
비단옷을 감고 싶은 마음이
어머님인들 왜 없으셨겠습니까.
어머니가 되신 순간부터
모든 새 것, 좋은 것은 당신 것이 아니게 되었고,
어머니 몸에 걸쳐진 것은 언제나 낡고
때묻은 그 속옷뿐이었습니다.

너를 위하여

*

당신은 나에게 정말 특별한 사람입니다.
내가 쉽게 만날 수 없는 사람입니다.
쉽게 얻을 수 없는 사람입니다.
어쩌다 당신을 만나는 축복을 얻었으니,
나, 당신을 위해 최선을 다하는 것은 너무도 마땅하며,
당신을 위하는 것처럼 기쁘고 행복한 일은 없습니다.

기쁨을 주는 사람

✱

인생을 즐겁게 살아가려면,
먼저 찌푸린 얼굴을 거두고
웃는 얼굴을 만들어야 합니다.
명랑한 기분으로 생활하는 것이
육체와 정신을 위한 가장 좋은 건강법입니다.
값비싼 보약보다 명랑한 기분은
언제나 변하지 않는 약효를 지니고 있습니다.

모두가 너를 좋아할 수는 없다

＊

다른 사람의 안 좋은 시선을 너무 의식해
스스로 지레 무너지는 경우를 종종 보게 됩니다.
부질없고, 미련한 일입니다.
누군가 나를 이유 없이 싫어하면,
그 고통은 내 몫이 아닌 상대방의 몫입니다.
그러거나 말거나 괘념치 말고,
묵묵히 가던 길을 가면 됩니다.

인연

*
물 한 모금의 인연도 억지로는 안됩니다.
우연처럼 보이지만 반드시 필연의 뿌리가 있습니다.
놀라운 섭리가 그 안에 있습니다.
하늘이 내린 특별한 선물로 받아들이고
더 귀하고 소중하게 키워가야 합니다.
그냥 맺어진 인연이 결코 아니니까요.

꿈이 있는 사람

〈디즈니랜드〉는
월트 디즈니의 꿈이 있었기에
비로소 가능했습니다.
달나라로 가는 꿈이 있었기에
아폴로도 나왔습니다.
꿈이 먼저입니다.
실현은 다음입니다.
꿈이 있으면 반드시 이뤄집니다.
작은 꿈이 자라 큰 꿈이 됩니다.

당신이 행복하면 나도 행복하다

*

나의 행복이 당신의 행복이요,
당신의 행복이 바로 나의 행복입니다.
나는 행복한데 당신이 행복하지 않다면
나의 행복이 무슨 의미가 있으며,
당신은 행복한데 내가 불행이라 여긴다면
당신의 행복 또한 무슨 의미가 있겠습니까.
우리는 하나이면서 둘이고, 둘이면서 하나입니다.

지금 중요한 것

　　　　　　　　　　　　　　　　　＊
지나간 것을 붙들고 있으면 앞으로 나아가지 못합니다.
　　　　　오늘 주어진 현재의 것을 놓치면
　　　　　내일의 열매를 기대할 수 없습니다.
　　　지금 중요한 것이 무엇인지를 분별하여
　　　잡념 없이 몰두하는 것이 자기의 삶을
　　　　　　완성시키는 지름길입니다.

당신, 참 좋다

✱

눈에 보이는 물질 못지않게
보이지 않는 사랑이 더 중요할 때가 많습니다.
힘겨울 때, 외로울 때, 눈물날 때 스스로의 마음을
따스하게 하고 사랑하는 사람의 마음을
데워 주는 말, "당신, 참 좋다."
정말 이 말 한마디는
마음과 정신과 사랑으로 뭉쳐진
너무도 뜨겁고 소중한 선물입니다.

글 고도원

〈고도원의 아침편지〉 작가
(재)아침편지 문화재단 이사장
연세대 대학신문 〈연세춘추〉 편집국장
연세대 신학과(학사), 정치학과(석사) 졸업
뿌리깊은나무 기자
중앙일보 정치부 차장
청와대 대통령 연설담당 비서관(1급)
기아대책기구 홍보대사
순천만 국가정원 홍보대사
국립산림치유원 원장(2대)
(사)K-디아스포라 세계연대 이사장
〈천권독서 국민운동 본부〉 설립자
환경재단 '세상을 밝게 만드는 100인상' 수상
황조근정훈장 수상

저서 : 『꿈 너머 꿈』, 『잠깐 멈춤』, 『절대고독』, 『꿈이 그대를 춤추게 하라』, 『당신의 사막에도 별이 뜨기를』, 『더 사랑하고 싶어서』, 『부모님 살아계실 때 꼭 해드려야 할 49가지』, 『고도원 정신』 등 다수

아침편지 명상치유센터 〈깊은산속옹달샘〉
주소_ 충북 충주시 노은면 우성1길 201-61
전화_ 1644-8421
이메일_ webmaster@godowon.com
홈페이지_ https://godowoncenter.com/

그림 **박덕은**

전북대학교 문학박사
전 전남대학교 국어국문과 교수
중앙일보 신춘문예 당선
전남일보(광주일보) 신춘문예 당선
새한일보 신춘문예 당선
전남매일신문 에세이 연재
광주매일신문 평설 연재
화가, 박덕은 미술관 관장
한국노동문화예술협회 초대작가
대한민국유명작가전 초대작가
대한민국예술대전 대상 수상
한국노동문화예술제 미술대전 대상 수상
올해의 작가초대전 대상 수상
국제종합예술대전 대상 수상
국제현대미술우수작가전 대상 수상
한국창작문화예술대전 대상 수상
저서 『현대시창작법』 등 126권 발간

<박덕은 미술관>
주소_ 전북 순창군 구림면 강천로 801-20
전화_ 010-4606-5673
이메일_ herso@hanmail.net